SUPER KNOWLEDGE

超级涨知识

北京市地理特级教师
李京燕 主审

小猛犸童书

朱岩 编著
石子儿童书 绘

绕不开的地理常识

复杂的地形地貌

3

电子工业出版社·
Publishing House of Electronics Industry
北京·BEIJING

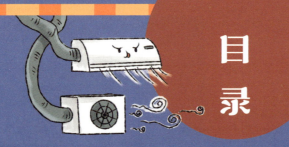

目录

地球表面有哪些地形地貌？

地球表面高低起伏的状态，就是地表形态，也叫地形或地貌。

走进大自然中，我们就能直接感受到不同地表形态的特征。

看似坚固稳定的地表形态，其实也是在不断发展变化的。只要时间足够长，就能见证沧海桑田的变化。

来自地球内部的力量和外部的力量，共同塑造着地球表面的形态，形成了丰富多样的地形地貌。

内力作用	地壳运动、岩浆活动等来自地球内部的力量会影响地球表面的形态，它们被称为内力作用。
	内力作用在地表形成大陆和海洋、山脉和盆地，在大尺度上奠定了全球地表形态的基本格局。整体说来，内力作用使地表变得高低不平。
外力作用	地球表面的流水、风、冰川、重力等因素也会引起地表形态的变化，它们被称为外力作用。
	外力作用通过风化、侵蚀作用不断对地表进行破坏，并将这些物质从高处搬运到低处堆积起来。削高补低，让地表的起伏状况越来越平缓。

侵蚀作用始终存在，即使是在山脉形成的早期。

侵蚀作用磨蚀着山脉，用磨蚀产生的沉积物填充低凹的山谷。

当新的山脉或高原形成时，侵蚀－沉积循环就又开始了。

侵蚀与沉积共同作用，几乎能把地面夷平。

陆地表面的地表形态多种多样，主要包含五种不同的类型。

平原	广阔平坦，地表起伏小；海拔较低，通常在200米以下。
高原	地表起伏不大，但海拔较高，通常在500米以上，边缘较陡峭。
山地	地表起伏较大，海拔多在500米以上，坡度较陡，沟谷较深。
丘陵	地表略有起伏，海拔通常不超过500米，相对高度较小。
盆地	四周被高山环绕，中部低平，形如一个水盆。

海底的地形和陆地一样，同样有不同形态，高低起伏不平。

板块构造如何塑造全球的地貌格局？

大陆和海洋是地球表面最大的地貌单元，海洋面积占地球表面的 71%，陆地面积占地球表面的 29%。

陆地上巨大的山系、平原、高原和盆地，海洋中的大洋盆地、大洋中脊、海沟、岛弧等最基础的地貌，都与板块构造有紧密关联，称为大地构造地貌。

构造山系

构造山系是陆地上最为宏伟的山地，主要由板块运动形成。

世界上主要有两大构造山系，一是从北美洲延伸到南美洲的科迪勒拉山系，二是横贯亚洲、欧洲的阿尔卑斯—喜马拉雅山系。

大陆架

从海岸向外延伸的部分，可以说是被海水覆盖的大陆。大陆架地形平坦，向海微微倾斜，深度一般不超过 200 米。

大陆裂谷

巨大的断层形成的断陷谷地，宽度几十千米到几百千米不等，长度最长可达几千千米。裂谷中常会形成深陷的谷地和湖泊。位于裂谷中的贝加尔湖是世界最深湖泊，深度超 1600 米。

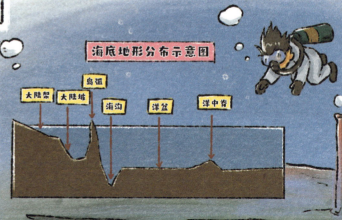

海底地形分布示意图

大陆坡

大陆架外侧陡峭的斜坡。这里是大陆和大洋的分界。

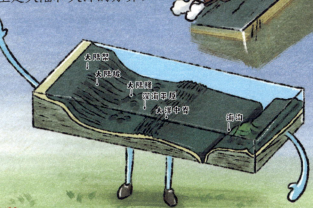

岛弧

大陆坡之外连续分布的岛屿，略向海洋方向突出，形成一个弧形。中国东南部自北向南分布的日本群岛、菲律宾群岛就是十分典型的岛弧。

海沟

在岛弧的外侧常有很深的海沟，深度超5000米。一般认为岛弧、海沟是由于大洋板块和大陆板块碰撞形成。

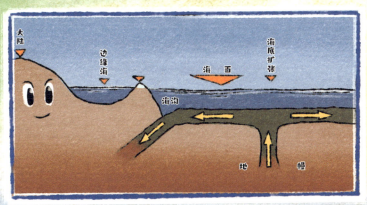

大洋盆地

海底比较平缓的区域，位于大洋中脊和海沟—岛弧之间，面积约占整个海洋的一半。

大洋中脊

位于大洋中心部位，在太平洋、大西洋和印度洋中都有分布。它们连接在一起，全长约80000多千米，是地球上最长的海底山系。

海岭

大洋盆地中长条形隆起的水下山脉。

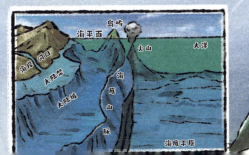

构造运动如何改变地表形态?

板块运动产生的强大力量，会让岩石被挤压或拉伸，发生形状的变化。就像是你用手去挤压或拉动一块软糖时出现的状况一样。

当你用脚用力蹭地毯时，地毯会皱起来。与此相似，当岩石受到大力挤压时，岩层会发生一系列的弯曲，形成褶皱。

如果受到挤压或拉伸的力量过大，岩石就可能发生断裂。断裂两边的岩石发生滑动，形成断层。就如同你切开一块千层蛋糕，它们挪动一下位置。

自然界中的褶皱和断层错综复杂，相互交织，形成各种不同的地形。

褶皱会形成隆起和凹陷，仿佛起伏的波浪。小的褶皱只有几米，大的可能长达几百千米，形成连绵的山脉。

如果两条断层中间的岩石上升，就会形成块状的山地，称为地垒。

地堑　　地垒　　地堑

如果两条断层中间的岩石下降，则会形成凹陷的谷地，叫作地堑。

Tips 1 哪些山是褶皱形成的？

　　美国的阿巴拉起亚山脉、欧洲的阿尔卑斯山脉，都是褶皱形成的山脉。

Tips 2 哪些山是地垒形成的？

　　五岳之首的泰山、避暑胜地庐山，是地垒所形成的山峰。

Tips 3 哪些谷地是地堑形成的？

　　山西的汾河谷地、陕西的渭河平原，都是由地堑形成的。

什么是火山?

"火山"的英文名为 volcano，来自地中海埃奥利群岛中的武尔卡诺火山。古时，那里火山活动频繁，人们就用罗马神话中火神武尔卡的名字给山命名，后来逐渐成为所有火山的通用名称。

地下岩浆沿着地壳薄弱的地方喷发到地表，形成火山。火山是地球上最强烈、最壮观的自然景观之一，展现着地球的活力。

火山喷发的原理和瓶装汽水很像。我们喝的汽水中加入了很多二氧化碳，当开启瓶盖时，瓶中压力突然变小，二氧化碳会以泡沫的形式冲出瓶口。

岩浆中同样溶解着很多气体，当岩浆从地下向上运动时，压力减小，气体膨胀，推动岩浆从火山口喷出。

火山分类

仍在喷发或在未来很可能喷发的火山，称为"活火山"。

形成时间久远，几乎不可能再喷发的火山，称为"死活山"。

"休眠火山"则像是一只冬眠的熊，未来有可能会"醒来"，变成活火山。

活火山　　　　死火山　　　　休眠火山

火山口
岩浆喷出地表的地方。在火山口周围，有时还会有规模小一些的侧火山口。

火山灰云
喷入空中的高温气体和细小的岩浆碎屑，形成黑压压的云团。

火山通道
连接岩浆房和地面的"管道"，是岩浆上升的通道。

岩浆侵入
"无孔不入"的岩浆会侵入附近的岩石裂缝中。

熔岩流
到达地表的岩浆成为熔岩，顺着火山山坡流淌而下。在冷却后会形成坚硬的岩石。

火山锥
火山的主体，由喷发出的各种产物堆积而成，会随着一次次喷发不断"长大"。

岩浆房
充满岩浆和气体的"仓库"，温度会超过 1100℃。

11

火山喷发的过程可能持续几小时，也可能数十年不停歇。有些火山的喷发和我们想象中的一样，突然爆发且极具毁灭性，但也有一些火山会温和地喷发。

火山喷发是怎样的景象？

裂隙式喷发

大量熔岩从地面长长的裂缝中安静地流出，没有强烈的爆炸，大概是最不像火山喷发的一种喷发。冰岛的很多火山属于这种类型，因而也被称为冰岛式喷发。

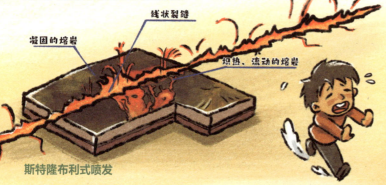

凝固的熔岩

线状裂缝

炽热、流动的熔岩

斯特隆布利式喷发

因意大利西西里岛附近的斯特隆布利火山而得名。炽热的灰烬和体量较小的熔岩弹，像阵雨一样从火山口喷出。喷发十分突然，规模一般不大，但往往会经常发生。

小型火山灰云甚或没有

一阵熔岩弹

夏威夷式喷发

夏威夷式喷发十分"安静"。熔岩像喷泉或小溪一样，静静地从侧火山口中流出，形成广阔的熔岩流。夏威夷群岛中的莫纳罗亚火山和基拉韦厄火山都是这种类型的火山。

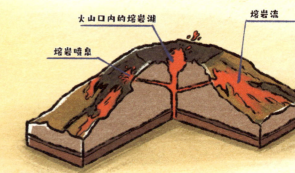

火山口内的熔岩湖

熔岩流

熔岩喷泉

武尔卡诺式喷发

伴随着爆炸的声音，大量火山弹从火山口高速喷射而出，仿佛发生了一次火炮轰炸。含有火山灰的气团会形成高大的火山灰柱，高度可以达 15 千米。

中等高度的火山灰柱

火山弹

培雷式喷发

高温的气体和火山灰混合在一起，形成火山碎屑流，以高达 160 千米/小时的速度沿着火山山坡倾泻而下，摧毁沿途的一切，是所有火山喷发中最具破坏力的一种。这种喷发因 1902 年西印度群岛培雷火山的喷发而得名。

普林尼式喷发

为纪念古罗马死于火山喷发的老普林尼而命名，是火山最猛烈的喷发形式。强劲的气体和岩浆喷向空中，形成巨大的蘑菇形的气体和火山灰云，高度可达 35 千米。

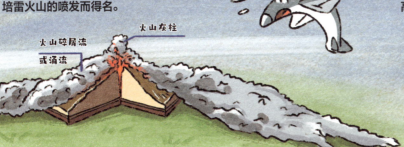

火山灰柱

火山碎屑流
或涌流

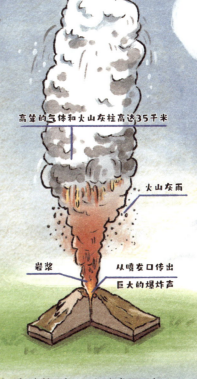

高耸的气体和火山灰柱高达35千米

火山灰雨

岩浆　　从喷发口传出巨大的爆炸声

科学家根据火山爆发的强度，划分了不同的火山爆发指数，与衡量地震大小的震级十分相似。温和的喷发很常见，但 6 级以上的剧烈喷发在 1800 年以来只发生过 5 次。

1　2　3　4　5　6

火山喷发会带来巨大影响。熔岩和火山碎屑流所到之处，一切化为灰烬，改变地表面貌。火山灰可毁坏农田、房屋，甚至掩埋整座城市。而持续喷发的火山，甚至可能影响全球气候。

火山灰中含有钾、磷等大量矿物质，可形成肥沃的火山土壤，利于农业发展。正因如此，世界上依然有很多人选择生活在看起来非常危险的火山附近。

科学家预测火山喷发要比预测地震准确一些。他们通过测量地下水的温度、火山释放的气体、探测地面高度的细微变化等方式，监测火山活动情况。

火山长什么样子？

火山喷发不断改变着地球表面，形成形态多样的火山地貌，造就出地球上各种壮观的地形。

盾形火山	熔岩从火山口慢慢流出，逐渐冷却，变成坚硬的岩石。这样的过程周而复始，形成宽阔和缓的山坡，仿佛一面巨大的盾牌扣在地上。	
火山渣堆	激烈的火山喷发将火山灰、火山渣和火山弹堆在火山口周围，形成坡度陡峭的圆锥形的山丘。体量相对较小。	
复式火山	相对安静的喷发和激烈的喷发相继发生，堆积出交替出现的熔岩层和火山灰层，形成较高的圆锥形山体。这应该是最符合人们心中火山形象的一种类型。	
熔岩高原	有时喷发的熔岩沿着平缓的地形流动，形成平坦的熔岩层。随着时间的推移，一层熔岩覆盖一层熔岩，形成高出四周的熔岩高原。	

熔岩穹丘	熔岩在火山口附近冷却形成的圆形突起，很像欧洲教堂的圆形穹顶。	
破火山口	剧烈的火山喷发后，地下的岩浆房被掏空，上方失去支撑的岩石可能发生坍塌，形成破火山口。	
火山口湖	雨、雪逐渐在破火山口内积累，有可能形成一片近似圆形的火山口湖。	
火山岛	海底火山的喷发，同样会在海底形成不同形状的火山。如果喷发不断发生，堆积出的山体超过海平面，会在海洋中创造出新的土地，形成火山岛。	
温泉	火山附近往往有很多地热活动。如受到岩浆加热的地下水从岩石的缝隙中涌出，形成温泉。	

世界哪些地方"盛产"地震和火山？

在板块的边界地带，火山和地震活动最为频繁。在那里，分布着 500 多座活火山，每年约发生 500 万次地震。

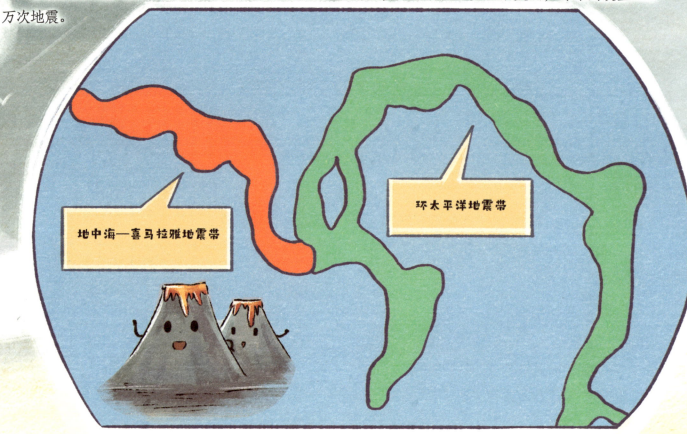

地中海—喜马拉雅地震带

环太平洋地震带

地中海–喜马拉雅火山地震带

横跨欧亚大陆的火山地震带，是亚欧板块和非洲板块、印度洋板块相互挤压碰撞的地方。世界上约 15% 的地震发生在这里。

环太平洋地震带

地球上最主要的火山地震带，像一个巨大的"火环"，围绕在太平洋周围。世界上约 80% 的地震发生在这里。

洋中脊

洋中脊是板块生长的地方，火山众多。

中国位于两大地震带之间，地震多发。1976 年唐山大地震造成 24 万余人死亡，是 20 世纪死亡人数最多的地震。

少数火山会出现在板块中间。那里的岩浆活动强烈，不断向外喷发，被称为"热点"。夏威夷群岛就是由"热点"形成的火山群岛。

日本地震频繁。2011年3月发生9.0级特大地震，引起了海啸和核电站严重泄漏事故，造成3万多人死亡或失踪。

世界上火山最多的国家是印度尼西亚，拥有400多座火山，其中活火山超过77座。

富士山是造型极为"标准"的一座活火山，也是日本人心中的圣山。最近一次喷发是在1707年。

寒冷的冰岛遍布火山，上演着现实版的"冰与火之歌"。

公元79年，维苏威火山爆发，古罗马的庞贝和赫库兰尼姆两座城市完全被埋在了火山灰和碎屑物之下。

1815年，印度尼西亚的坦博拉火山爆发，火山灰扩散到600千米之外，甚至遮蔽了阳光。

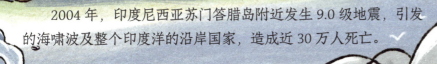

2004年，印度尼西亚苏门答腊岛附近发生9.0级地震，引发的海啸波及整个印度洋的沿岸国家，造成近30万人死亡。

风化是如何发生的？

暴露在地表的岩石受到各种物理和化学作用的影响，发生破碎和分解的过程，称为"风化"。

物理风化

物理风化是指岩石由于各种物理作用，破碎成更小碎片的一种风化。

这种风化只改变岩石的大小和形状，不改变它们的化学成分。

温度上升，会导致岩石膨胀；温度下降，会导致岩石收缩。温度的不断变化，会破坏岩石的结构，使岩石逐渐破碎。

当温度降到 0℃ 以下时，岩石缝隙中的水会冻结成冰。冰的体积比水大，因而会把缝隙撑得更大。冻结和融化反复发生，最终可能使岩石彻底破裂。

水份渗进岩石裂缝

夜间温度下降，水结成冰，体积增缝隙亦加深

冻融交递出现使岩石分裂成碎片

很多岩石在高压环境中形成。当它们暴露在地表后，受到的压力降低，导致岩石的表面一层层剥落。

动物的活动也会导致物理风化，特别是那些在地下打洞的鼹鼠、鼠兔、草原犬鼠，还有在土壤中活动的蚂蚁、蚯蚓等。

植物的根会深深地插入岩石的缝隙中。植物不断生长，逐渐将小小的裂缝撑大。

被风、水、重力等携带的泥沙和岩石碎屑，会不断撞击、磨蚀裸露的岩石，就像用砂纸打磨物品一样。

化学风化

化学风化是指通过化学反应分解岩石的过程。

化学风化既会影响岩石的形状和大小，也会改变它们的化学成分。

水是化学风化中最重要的物质，很多岩石中的成分会溶解于水。

氧气会和其他物质发生化学反应，称为"氧化作用"。如岩石中的铁和空气中的氧结合，就会生锈，变成红色。

二氧化碳溶于水，会形成弱酸性的碳酸。大理石、石灰岩等岩石都很容易和碳酸发生反应。

 磁铁矿（黑色） ＋ 氧（O） ＝ 赤铁矿（红色） ＋ 水（H_2O） ＝ 褐铁矿（黄棕色）

苔藓、地衣等植物会附着在岩石上。它们生长的过程中会产生弱酸，从而风化岩石。

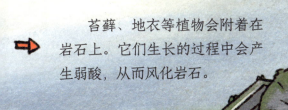

整体来看，岩石风化的速度非常缓慢。如1厘米厚的石灰岩风化，需要约2000年的时间。很多岩石的风化速度甚至更慢。

哪些因素会影响风化的速度？

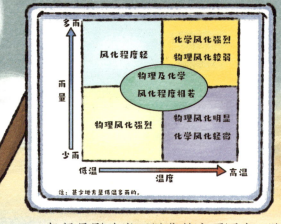

注：甚少地方是低温多雨的。

气候是影响岩石风化的主要因素。降水量和温度共同决定了一个地区风化的速度。

自然环境中的很多因素会加速或减缓风化的速度，人类的活动有时也会影响风化。

在气候温暖、降水充沛、植被茂盛的地区，化学风化的速度更快。降水提供了化学变化所需的水，高温则能加快化学反应的速度。

相反，在寒冷、干燥、风力强劲的气候条件下，更容易发生物理风化。岩石缝隙中的水不断冻结和融化，会大大加快物理风化的速度，大风则会让磨蚀的力量更强。

不同的岩石，风化的速度不同。岩石中的矿物质组成，决定了岩石风化的速度。由不易溶于水的矿物质组成的岩石风化的速度更慢。

主要成分是石英的花岗岩相对更难风化，而主要成分是方解石的石灰岩和大理石风化的速度则较快。

风化速度也和岩石暴露在外的表面积有关。表面积越大，风化的速度越快。一块完整的大岩石要比相同重量但更破碎的一堆小石头风化得更慢。

破碎的岩石，表面积大大增加了。

10 厘米　100 平方厘米

10 厘米

表面积 = 600 平方厘米

1 厘米

1 厘米

表面积 = 6000 平方厘米

体积保持

1000 平方厘米 =1 升

岩石所处的地形也与风化速度相关。陡峭斜坡上的岩石更可能受重力的影响向下滚动，暴露出更多的岩石，加快风化速度。

近代以来，人类大量燃烧化石燃料，将二氧化碳、二氧化硫等气体释放到大气中。它们与水蒸气结合形成酸雨。酸雨落在岩石上，与岩石发生化学反应，加快风化速度。

重力对地貌有哪些影响?

被风化的岩石、土壤受到重力的影响，会向山下运动，称为"块体运动"。块体运动有的缓慢微弱，有的迅速剧烈，但都会改变地表的样貌。

严重的地震、长时间的降雨以及人类的活动，都可能引发滑坡、泥石流和崩塌，造成严重破坏。

蠕动

松散的岩石和土壤顺着山坡缓慢地向下运动。

蠕动的速度很慢，每年只有几厘米，因而要经过很长时间才能看出来。

如果仔细观察，你会发现山坡上的电线杆、篱笆墙、树木都会受到蠕动的影响，倾斜或弯曲成特别的样子，有时看起来就像游乐园里特别建造的奇幻世界一样。

崩塌

在陡峭的岩壁上，因风化而松动的岩石快速向下掉落。

少量岩石沿着陡坡滚落、跳动而下，称为"散落"。在盘山公路上常能见到的碎石块就是从路边的山崖上散落下来的。

山区发生的大规模崩塌，则是"山崩"。山崩时，大块岩石和松散的碎块一同掉落，体积能达到数十万立方米，能阻塞河流、毁坏森林、公路和村镇。崩塌会在山脚下形成半圆形或三角形的倒石堆。倒石堆中的岩石通常大小不一，棱角分明，下方较大，上方较小。

滑坡

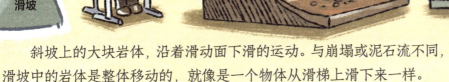

斜坡上的大块岩体，沿着滑动面下滑的运动。与崩塌或泥石流不同，滑坡中的岩体是整体移动的，就像是一个物体从滑梯上滑下来一样。

滑坡的速度一般较慢，可能一天只移动几厘米。但遇到暴雨或地震时，也可能发生速度很快的滑坡，截断江河，掩埋城市。

泥石流

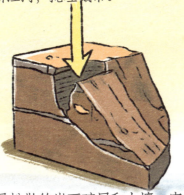

在山地的沟谷中，积累着大量松散的岩石碎屑和土壤。它们在暴雨或积雪融化后形成泥水混合物，沿着山坡快速流动而下，形成泥石流。

泥石流历时短暂，往往不过数小时，但运动速度极快，可以达到每秒数米。大量的岩石泥沙倾泻而下，在山脚形成扇形的泥石流堆积。

流水有着怎样的力量？

河水在流动过程中会将泥沙从河底掀起、推动河道中大石头移动或是溶解部分岩石物质，从而破坏所经过的地方，发生侵蚀现象。

被侵蚀下的沙石，又会通过不同的形式，被河流搬运到下游。

悬移
较小的颗粒悬浮在水中，随着水流移动。

跃移
在搬运过程中，碎屑物质沿地面呈跳跃方式向前移动的过程叫跃移。

溶解

推移　悬浮

溶解

跃移

河床

推移
较大的岩石，受到流水的力量，在河床上滑动或滚动。

溶解
一些易溶解的岩石物质，则会直接溶于水中。

24

河流侵蚀、搬运的能力，受到几个因素的共同影响。

流速

河流流速越快，侵蚀力量越强，搬运堆积物的能力也越大。一般来说，河道越陡峭，河水流动的速度越快。

流量

河流中流过的水越多，侵蚀和搬运的能力就越大。这就好像十个人搬东西，总是会比一个人搬得更多。

洪水暴发时，巨大的流量会更深地侵蚀河道，也能将更多、更大的岩石搬运到下游。

加长作用

加深作用

加宽作用

河床形态

河床的样子会影响河水和河床之间摩擦力的大小，从而影响河水流动的速度和方向。

河床越深越窄，与河水接触的面积越小，摩擦力就越小，河水的流速就更快。河床如果又宽又浅，与河水接触的面积就大，更大的摩擦力就会减缓河水的流速。

如果河床高低起伏、崎岖不平，会影响水流的方向，改变沉积物沉积的具体位置。

在水流速度减慢、水量减少时，河流的搬运能力会下降。河水中携带的泥沙就会逐渐堆积起来。

河流的中上游会形成怎样的地貌？

河流的侵蚀、搬运和堆积作用始终存在，但又经常会发生变化。一般来说，在河流的上游多以侵蚀作用为主。

一开始，水流的路线并不固定。但经过一段时间后，流水会侵蚀出一条狭窄、低洼的通道，形成比较固定的河道。

瀑布

河源

上游河谷

上游

峡谷

河曲

支流

牛轭湖

三角洲

河流的源头往往位于山区。降水在山地中的小沟谷中汇集，形成小股的水流。

V 形谷

随着更多的水流汇入河道，河水不断侵蚀，让河道变得更深、更宽，形成深深的河谷。河道几乎占据整个河谷。

从侧面看，河谷下窄上宽，仿佛字母 V 的形状，因而称为"V 形谷"。

瀑布

下游较软的岩石先被河水侵蚀掉。

上游较硬的岩石"不为所动"。

两种岩石交界的地方形成一个陡峭的悬崖。

河水流过陡崖时，就形成近乎垂直的水流，也就是瀑布。

较硬的岩石最终还是会破碎，瀑布就会不断向河流的上游"后退"。

溯源侵蚀

与此同时，河流还会不断地侵蚀河流源头处的岩石和土壤，让河道不断向河源"生长"，地理学家把这种现象称为"溯源侵蚀"。

由于溯源侵蚀的存在，河流会变得越来越长。今天我们见到的很多大江、大河，在很久以前可能也只是一条短短的溪水。

河流袭夺

溯源侵蚀有时甚至会将分隔两条河流的分水岭切穿，将其他河流的河道"抢"过来。这种过程称为"河流袭夺"。

河流袭夺，又称河流抢水，会让有的河流河道变长、"地盘"扩大，而有的河流则丧失自己的领地，变成"断头河"。

溯源侵蚀

河流A

河流B

河流B

河流袭夺

河流A

河流中下游会形成怎样的地貌？

在河流下游，随着河水携带泥沙的能力减弱，堆积作用开始逐渐占据主流。

冲积扇

河水流出陡峭、狭窄的山谷时，坡度急剧减缓、河道突然展宽，水流速度也就慢了下来。河流带来的大量砾石和泥沙在这里沉积下来，形成扇状的堆积体。

冲积扇的规模大小不一，面积自数百平方米到数十平方千米不等。

出山口部位叫扇顶。

中间部分叫扇中。

外围边缘部分叫扇缘。

一般来说，扇顶部分堆积的多是粗大砾石，由扇顶到扇中、扇缘，堆积物颗粒逐渐变小。这是因为河流的力量逐渐减弱，更大的石头会先沉积下来。

冲积平原

在平缓的区域，河流带来大量的冲积物，堆积形成平坦宽阔的冲积平原。

曲流和牛轭湖

在平缓的冲积平原上，常会形成宽而浅的河谷。河水流速缓慢，河流中小小的阻碍物，会引起水流弯曲。	A---B
河流凹陷的一侧受到更多侵蚀，而沉积物则在凸出的一侧堆积，河流变得越来越弯曲，形成曲流。	A--B
曲流最终会弯曲成"Ω"形。当发生洪水时，河水可能冲破河岸，直流而下，抛弃原有的弯曲河道。	P
洪水退去后，沉积物堵住曲流两头，形成一个不再与河流相连的小湖。因形状酷似耕牛肩上的轭，而被称为"牛轭湖"。	

三角洲

河流汇入海洋时，流速减慢，河水携带的大量泥沙在这里沉积，发育形成三角形的沉积区。

河流
三角洲
海洋

河流地貌有着怎样的发展过程？

在漫长的时间中，河流地貌的发育会经过不同阶段。就像人从幼年、壮年到老年的变化一样，河流在不同阶段也会呈现不同的面貌。

幼年期

河流地貌发育的初始阶段。

河流所在的区域经地壳运动而抬升，河流在抬升后的平面上发育。水网稀疏，河谷间有着宽阔的分水地。

河流下切侵蚀加强，河谷加深，形成狭窄陡峭的 V 形谷。这时的河流多急流险滩和瀑布。

河道逐渐增多，河谷逐渐展宽，地面被分割得更为破碎。

壮年期

河流地貌发育的均衡阶段。

河谷继续展宽，使得河谷间原本宽阔的分水地逐渐变成狭窄的山岭。

河流的侵蚀不再那么强烈，基本进入均衡的状态。河谷宽阔，山岭浑圆、低矮。

老年期

河流地貌发育的终极阶段。

河流停止下切侵蚀，山岭基本被侵蚀殆尽，只留下个别小山丘。整片区域形成和缓的平原。

河流在平原上静静流淌，河道蜿蜒曲折，多曲流和牛轭湖。

回春

如地壳运动再次抬升了河流所在的地区，河流就会重新回到幼年期，开始新的侵蚀阶段。地理学家把这种现象形象地称为"河流回春"。

岩溶地貌是如何形成的？

水不仅可以冲刷、侵蚀岩石，还有可能与石灰岩等岩石发生化学反应。地下水和地表水对可溶性岩石的破坏和改造，称为"岩溶作用"。

在岩溶作用下，地表形成各种不同的地貌形态。科学家将这样形成的地貌称为"岩溶地貌"，也叫"喀斯特地貌"。

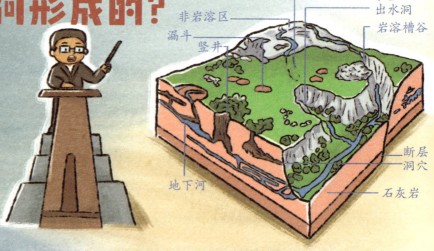

非岩溶区　漏斗　竖井　干谷　出水洞　岩溶槽谷　断层　洞穴　石灰岩　地下河

峰丛

上部是耸立的石灰岩山峰，下部则是相连在一起的基座。

峰林

高耸林立的石灰岩山峰，高度一般只有 100 ~ 200 米，但极为陡峭。分散于平地上，好似一片片的树林。

溶沟

地表的水流在石灰岩上流淌，溶蚀出许多沟槽。

石芽

溶沟间凸起的部分，就是石芽。石林就是非常高大的石芽，密布如林，因而得名。

落水洞

地表水流向地下溶洞或地下河的通道，因流水的溶蚀和塌陷而形成。

天坑

落水洞扩大、加深而形成的巨大凹坑，深度可达数百米。

漏斗

口大底小、形似漏斗的圆锥形洼地，下部常有管道通向地下。

天生桥

溶洞的顶部崩塌后残留的部分，中间悬空，两端与地面连接，就像是飞架在半空中的桥梁。

Tips 最早深入考察岩溶地貌的人是谁？

300 多年前，明代著名地理学家徐霞客系统考察了广西、贵州、云南一带的岩溶地貌，探访了许多地下溶洞，并在《徐霞客游记》进行了详细描述。

岩溶作用还会在地表之下施展技艺,塑造出神奇的地下世界。

溶洞

当水顺着石灰岩的缝隙渗入地下时,会与石灰岩中的碳酸钙发生化学反应,将岩石溶蚀出很多小孔。时间久了,这些小孔就会逐渐扩大成一个个大洞。

洞穴规模大小不一,形态多种多样。有的沿着水平方向延伸,有的上下分为几层,有的地方极为狭窄,也有的地方会出现巨大洞厅。

在溶洞内部,含有碳酸和钙离子的水从溶洞顶部持续不断地滴下来,形成不同形态的碳酸钙沉积物。

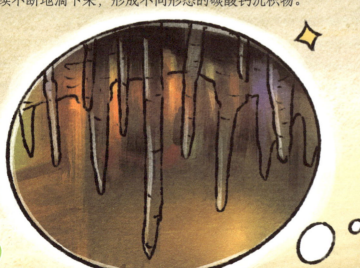

钟乳石

悬挂于岩洞顶部,像冰柱一样的沉积物。

石笋

在洞底逐渐形成的锥形沉积物，仿佛破土而出的竹笋。

石柱

随着时间的推移，钟乳石和石笋会连接起来，形成"顶天立地"的石柱。

石幕

从洞壁狭窄的缝隙中渗出的水，会形成片状的沉积，像剧场舞台上展开的帷幕。

地下河

地表的水流顺着岩石的缝隙渗入地下，或从落水洞落入地下，形成在地下流淌的河流。像地表河流一样，地下河也会形成复杂的河网系统。

Tips 喀斯特地貌为什么有这样一个奇特的名字？

喀斯特是欧洲亚得里亚海东北侧石灰岩高原的名字。19 世纪末，欧洲学者研究了那里的各种石灰岩地貌，并将它们命名为"喀斯特地貌"。

海岸有哪些不同类型？

根据组成海岸的不同物质，可以将海岸划分为基岩海岸、沙质海岸、淤泥质海岸和生物海岸四种类型。

基岩海岸由岩石组成，十分陡峭。有的基岩海岸曲折，有的则非常平直。

沙质海岸由松散、颗粒状的细沙组成。海岸线一般较平直，海滩和缓宽阔，绵延很长一段距离。海南三亚亚龙湾、广西北海银滩，都是有名的沙质海岸。

有时受到风的影响，沙质海岸的沙粒被吹扬形成高大的海岸沙丘，高度可以超过百米，形成独特的大海与荒漠"手拉手"的景观。

淤泥质海岸由细细软软的粉沙和淤泥堆积形成，坡度和缓，海岸线大多较平直。

形成淤泥质海岸，需要有丰富的泥沙供应，因而最容易在大型河流的入海口附近出现。黄河是世界上含沙量最大的河流，在渤海湾流入大海，那里也成了最典型的淤泥质海岸。

红树是一种在热带、亚热带十分常见的灌木，成片地分布在淤泥质浅滩上，形成了独特的生物海岸。红树可以耐受咸咸的海水，根系发达，能抵御风浪，减缓海水的冲积，保护沿岸地区的安全。

珊瑚礁主要由造礁珊瑚的骨骼构成，是生物海岸的另一种主要类型。珊瑚对生存条件要求非常严格，需要温度适宜、光线充足、海水盐度适宜，因而分布的区域十分有限。

Tips1 哪种海岸最适合做港口？

港口需要平静的水域和一定的深度，以便于船只停泊。基岩海岸围合成的港湾一般最适合做港口。

Tips2 哪种海岸最适合度假？

提到海边度假，我们脑海中就会呈现阳光、沙滩、大海的美丽景象。毫无疑问，沙质海岸最易成为度假胜地！

不同的海岸地貌是如何形成的？

海浪日夜不息地拍打着海岸，对岩石产生强烈的破坏，是侵蚀海岸的主要力量，塑造出形态各异的海岸侵蚀地貌。

海蚀穴　海蚀拱桥　海蚀柱

海蚀崖

海蚀凹壁

海蚀平台

海蚀崖	在海浪的长期侵蚀下，基岩海岸不断崩塌后退，形成高出海面的陡崖。	
海蚀平台	海蚀崖逐渐后退，海蚀崖脚下留下的向海倾斜、坡度和缓的岩石平台。	
海蚀穴	海浪冲刷崖壁，相对脆弱的岩石最先崩塌，形成凹陷的洞穴。	
海岬	海岬是海岸向海洋突出的部分，通常由坚硬的岩石组成。	
海蚀拱桥	海岬两侧同时受到海浪的侵蚀，都可能形成海蚀穴。海蚀穴进一步被侵蚀就可能连通在一起，形成拱门的形状。	

38

| 海蚀柱 | 海蚀拱桥受重力影响崩塌后，会形成孤立在海中的海蚀柱。 |  |

海岸沉积地貌　相对和缓的海浪，会将携带的沙石等物质堆积在海岸附近，形成海岸沉积地貌。

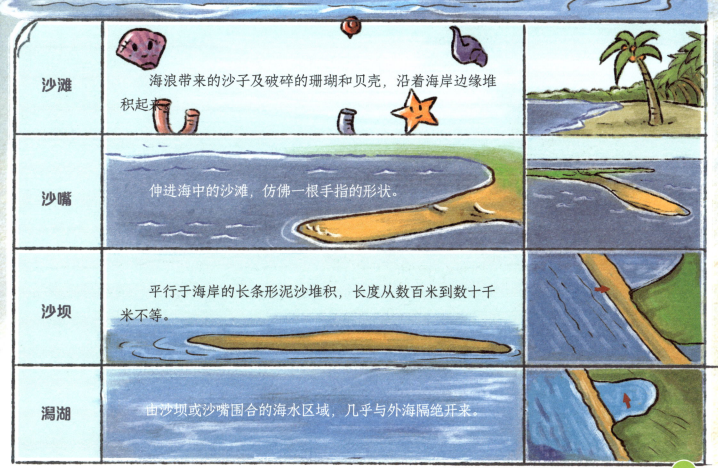

沙滩	海浪带来的沙子及破碎的珊瑚和贝壳，沿着海岸边缘堆积起来。
沙嘴	伸进海中的沙滩，仿佛一根手指的形状。
沙坝	平行于海岸的长条形泥沙堆积，长度从数百米到数十千米不等。
潟湖	由沙坝或沙嘴围合的海水区域，几乎与外海隔绝开来。

风是如何改变地表面貌的？

风吹动地表的泥土、沙子、碎石等颗粒，将它们搬运、堆积到其他地方，形成各种风力侵蚀地貌和风力沉积地貌，统称为"风成地貌"。

风力侵蚀区 ◄—— 风力堆积区 ——► 流水侵蚀区

地面风　降尘　降水

悬移： 细小的颗粒会悬浮在空气中，随风移动。

风吹过地面时，会带起沉积物中细小的颗粒。风力越大，能吹动的颗粒物就越大。地质学家把风搬运地表物质的过程，称为"吹蚀"。

风

跃移： 大一点的颗粒在被风吹起后，会很快落回地面，随后再弹起来，就像是在地上蹦来蹦去。

蠕移： 强风甚至可以吹动更大的颗粒在地面上缓缓移动。

风吹起的沙粒，不断碰撞和摩擦岩石，称为"磨蚀"。岩石经过长时间的磨蚀，可形成千奇百怪的形状。

风蚀蘑菇

突起的孤立岩石，在受到风力侵蚀后，形成上部宽大、下部窄小的形状，就像一朵挺立的蘑菇。

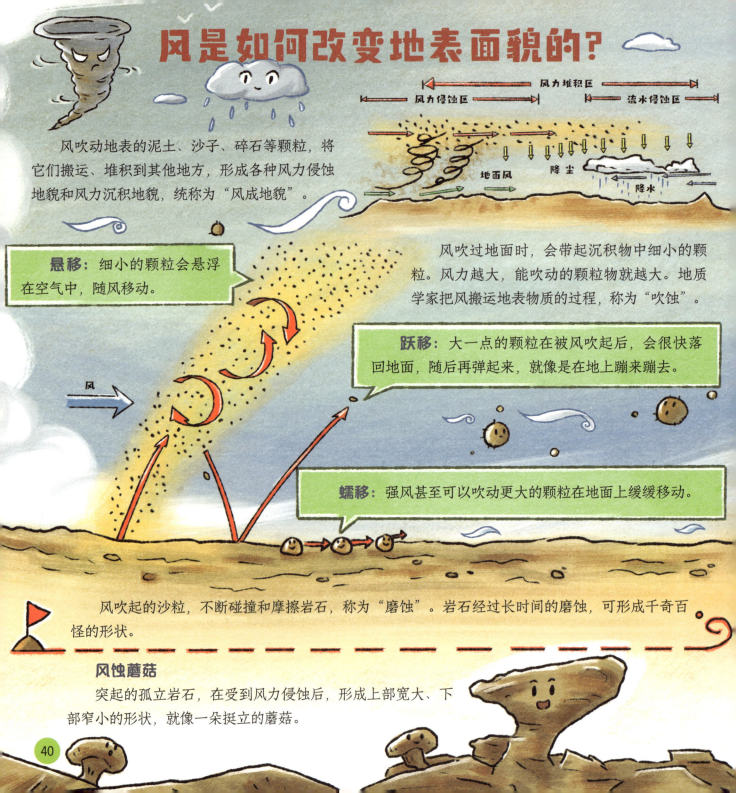

雅丹

在极度干旱的地方，风沿着岩石的裂隙吹蚀，形成一排排凸起的石垄和凹陷的沟槽。由于岩石形状奇诡，大风刮过时又时常发出怪异的声音，因而常被人们称为"魔鬼城"。

风积地貌

随着风速的减慢或是山体等障碍物的阻挡，风携带的颗粒最终会落回到地面，发生沉积。

沙丘

沙丘是最常见的风积地貌。受到风的影响，沙丘有很多不同形状。

新月形沙丘

形状如同新月，沙丘两侧的坡度不同。朝向风向的一面是"迎风坡"，坡度平缓；而另一侧的"背风坡"则较陡峭。

新月丘

纵向沙丘

狭长而平直的沙垄，方向与主要的风向平行。最大的沙垄高度可达 300 米。

纵沙丘

横向沙丘

当两种方向相反的风在一个地方交替出现的时候，会形成与风向垂直的沙丘。

横沙丘

黄土高原是如何形成的?

黄土是一种黄色、颗粒细小、质地均匀的堆积物。它们被风力带到很远的地方沉积下来,形成独特的黄土地貌。

黄土主要分布在中纬度干旱或半干旱的地区。我国的黄土高原面积约 63.5 万平方千米,是世界上最集中的黄土分布区。

西风急流

地面风

黄壁

沙漠

降尘

降雨

黄土高原

黄土高原的形成

东南季风

太行山

华北平原

海

黄土高原的黄土主要来自西北方向的沙漠和戈壁。越靠近沙漠的西北部,黄土颗粒越粗;向东南越远,黄土的颗粒越细。

黄土土质疏松,孔隙较多,透水性好,很容易被流水冲刷和侵蚀,形成沟谷。

黄土区千沟万壑,地面被切割得支离破碎。

黄土塬是黄土堆积形成的高原面，顶部地势非常平坦。

黄土墚是长条形的黄土高地，顶部平坦，但较为狭窄。

黄土峁是孤立的黄土丘，平面呈椭圆形或圆形。

黄土塬

黄土墚

黄土峁

流水沿着黄土中的裂缝下渗，侵蚀黄土内部，形成空洞。在重力的影响下，黄土会出现塌陷，形成穴状的洼地。

黄土土层深厚，矿物养分丰富，对农业生产十分有利，适合很多农作物生长。黄土高原也因此成为我国农业起源的地区之一。

黄土分布的区域大多较干旱，植被稀疏，暴雨集中，往往会出现严重的水土流失。黄河的水就是被黄土高原的黄土"染黄"的。

Tips 黄土有多厚？

各地的黄土厚度不一，通常在几十米到 200 米之间。目前已知最厚的黄土厚度超过 400 米。

冰川如何塑造地貌？

冰川运动不断改变着冰川下岩石的面貌。虽然冰川的移动速度较慢，但力量很大。

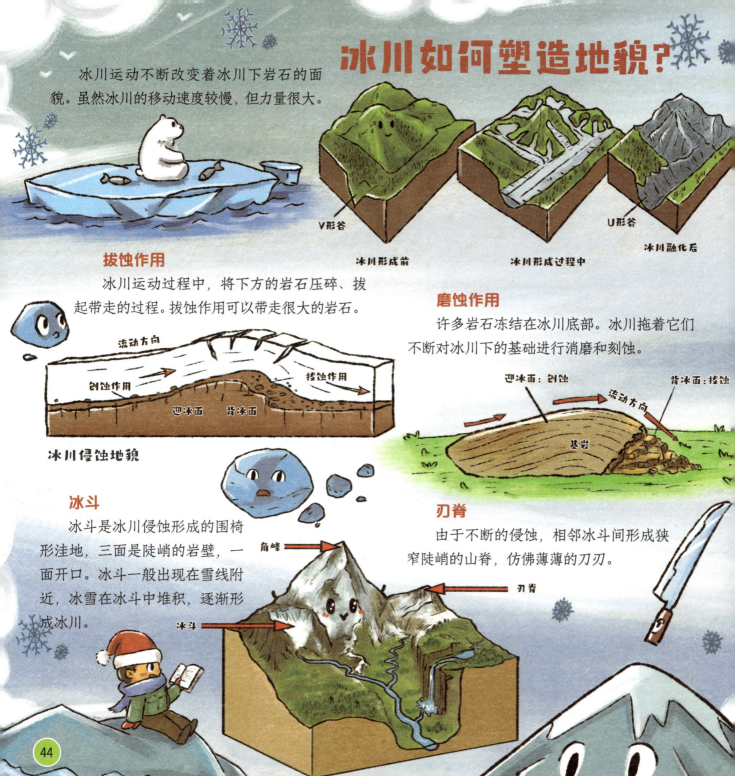

V形谷

冰川形成前

冰川形成过程中

U形谷

冰川融化后

拔蚀作用

冰川运动过程中，将下方的岩石压碎、拔起带走的过程。拔蚀作用可以带走很大的岩石。

流动方向

刨蚀作用

拔蚀作用

迎冰面　背冰面

冰川侵蚀地貌

磨蚀作用

许多岩石冻结在冰川底部。冰川拖着它们不断对冰川下的基础进行消磨和刻蚀。

迎冰面：刨蚀

背冰面：拔蚀

流动方向

基岩

冰斗

冰斗是冰川侵蚀形成的围椅形洼地，三面是陡峭的岩壁，一面开口。冰斗一般出现在雪线附近，冰雪在冰斗中堆积，逐渐形成冰川。

角峰

刃脊

冰斗

刃脊

由于不断的侵蚀，相邻冰斗间形成狭窄陡峭的山脊，仿佛薄薄的刀刃。

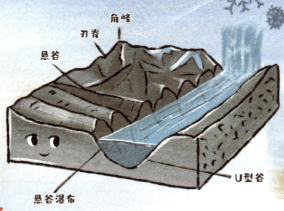

角峰
刀脊
悬谷
角峰
U型谷
悬谷瀑布

U 形谷

冰川的侵蚀力量通常比河流更大。流动的冰川会侵蚀出又深又宽的山谷。山谷的形态和河流侵蚀形成的 V 形谷不同。

角峰

当山顶的几面都受到冰川侵蚀时，就会形成尖尖的金字塔形山峰。

悬谷

越厚的冰川，侵蚀的力量越强，形成的 U 形谷越深。当冰川消退后，较小的分支冰川侵蚀形成的山谷会高于主冰川，仿佛悬在半空中。

峡湾

如冰川在海岸边侵蚀出深深的 U 形谷，在冰川退去海水入侵后，会形成独特的峡湾。

羊背石

冰川经过的地方，常会留下一些椭圆形的岩石，远看犹如伏地的羊群。

冰川擦痕

冰川搬运的碎石与经过的岩壁之间碰撞摩擦，常常会留下钉子形的条痕。

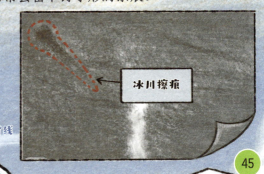

冰川擦痕

Tips 什么是雪线？

在高海拔山区，积雪的高度随季节变化。每年最热时，积雪区的最低高度，就是雪线。也就是说，雪线以上是终年积雪的区域。

多年积雪区
雪线
季节性积雪区

冰川的搬运和堆积有多大力量？

冰川侵蚀产生的大量岩石和泥土会随着冰川向下游运动。这些被冰川搬运的物质，称为"冰碛物"。

冰川堆积出的岩石大小不一，杂乱无章，就像是一辆装满了大小岩石的重型卡车，一次性将货物倾倒出来一样。

根据冰碛物在冰川内的不同位置，可分为表碛、内碛、底碛、中碛、侧碛、终碛等不同类型。

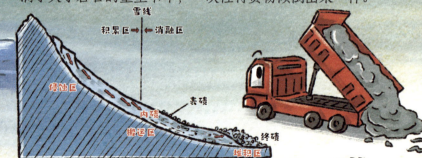

冰碛地貌

由冰川搬运、堆积形成的地貌。

冰碛丘陵	表碛、内碛、底碛和中碛在冰川融化后，都会落到冰川谷地，堆积形成起伏的丘陵。
侧碛垄	冰川退缩后，在冰川两侧留下的长条形堆积物。
终碛垄	被冰川搬运来的岩石，在冰川的末端形成的弧形堆积物。
鼓丘	终碛垄以内成群出现的长条形鼓包。

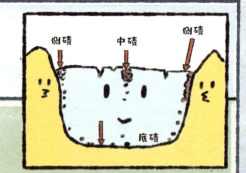

冰川漂砾		被搬运到很远或很高地方的巨大岩石。

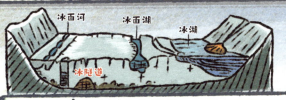

冰面河　冰面湖　冰湖　冰隧道

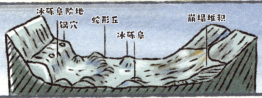

冰砾阜阶地　锅穴　蛇形丘　冰砾阜　崩塌堆积

冰水堆积地貌

冰水平原	冰川融水也有搬运堆积的能力，会在冰川边缘堆积出较为平坦的冰水平原。
锅穴	冰水平原上的圆形洼地，是埋在沙石中的冰块融化后发生塌陷形成的。
蛇形丘	冰川融水流动留下的细长蜿蜒的沉积物丘陵。
冰川湖	冰川融化后，在锅穴和冰斗等凹陷的地方积水形成湖泊。

Tips1 冰川能搬动多大的东西？

冰川能搬运重量超过万吨的石块，堪称真正的"大力士"。

Tips2 为什么有的冰川有很多条终碛垄？

如冰川在不断后退，就会在原有的终碛垄后，留下一道道新的终碛垄。

土壤是怎样形成的？

土壤是由岩石碎屑、腐殖质、空气和水组成的松散沉积物，在陆地表面广泛分布，可以支持植物的生长。

岩石碎屑来自土壤下的基岩。基岩受到各种因素影响，发生风化，破碎形成很多细小的颗粒，成为土壤的主要成分。

腐殖质是动植物死亡后，经过微生物分解形成的深色有机物质。腐殖质中包含氮、硫、磷、钾等植物生长的必要营养元素。

基岩石风化，岩石破碎成土壤微粒，底土层形成。

底土层

基层

植物根系会通过物理风化和化学风化来破碎岩石，此时表土层从底土层发育出来。植物丰富了土壤中的有机质。

表土层

底土层

当降水淋滤表土层黏土和无机物到亚土层时，亚土层开始发育。

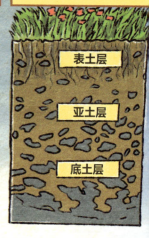

表土层

亚土层

底土层

土壤在形成过程中，会发育出水平的层状结构，就像一层层蛋糕。土壤学家一般将土壤分为三层：表土层、亚土层、底土层。

表土层包含最多的腐殖质，颜色偏暗褐色。

亚土层主要由表土层淋滤下来的黏土和矿物质组成，大多呈棕红色。

底土层中是风化形成的岩石碎屑，几乎不含腐殖质。

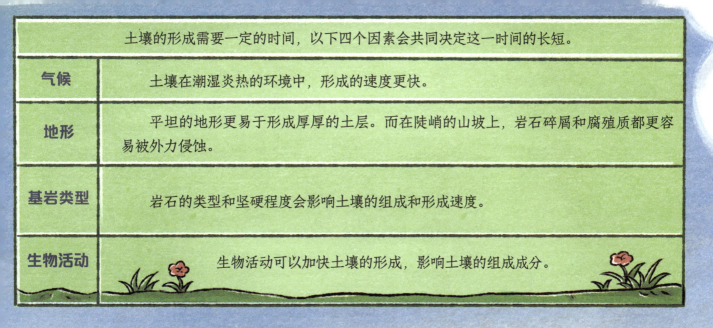

	土壤的形成需要一定的时间，以下四个因素会共同决定这一时间的长短。
气候	土壤在潮湿炎热的环境中，形成的速度更快。
地形	平坦的地形更易于形成厚厚的土层。而在陡峭的山坡上，岩石碎屑和腐殖质都更容易被外力侵蚀。
基岩类型	岩石的类型和坚硬程度会影响土壤的组成和形成速度。
生物活动	生物活动可以加快土壤的形成，影响土壤的组成成分。

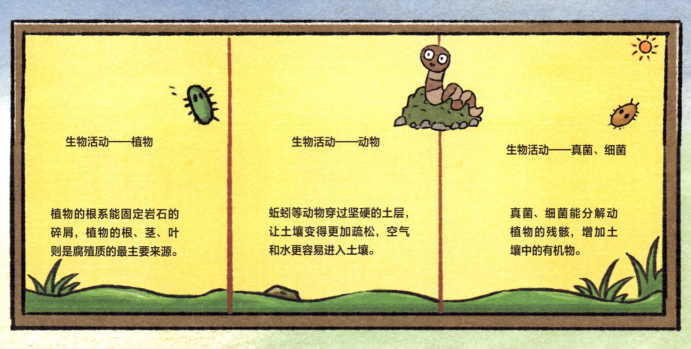

生物活动——植物

植物的根系能固定岩石的碎屑，植物的根、茎、叶则是腐殖质的最主要来源。

生物活动——动物

蚯蚓等动物穿过坚硬的土层，让土壤变得更加疏松，空气和水更容易进入土壤。

生物活动——真菌、细菌

真菌、细菌能分解动植物的残骸，增加土壤中的有机物。

土壤有哪些不同的特性？

不同地方的土壤有很大不同，科学家会根据土壤成分、气候、植被等因素给土壤进行分类。全世界有几千种不同类型的土壤。

沙质　　　　　粉砂质　　　　　黏土质

根据颗粒大小，土壤可分为沙质、粉砂质、黏土质三种。沙质土壤的颗粒最大，而黏土质土壤的颗粒最小。

颗粒大小和相对的比例决定土壤质地，影响土壤吸收和保持水分的能力。土壤中的矿物种类、有机质多少和水分决定了土壤的颜色。

黑色或深棕色的土壤，包含的有机质较多；红色的土壤是由于其中的铁元素发生氧化，呈现出"铁锈"的颜色；灰色和青色的土壤，则是由于长期处于潮湿缺氧的环境中。

土壤肥力是衡量土壤肥沃程度的指标。越肥沃的土壤越有利于植物生长。

一般来说，含腐殖质多的土壤肥力高，几乎不含腐殖质的土壤，肥力就非常低。

甲虫和蜗牛靠腐烂的动植物残骸为生。

小松鼠也生活在土壤洞穴内，以枯枝落叶层中的种子和果仁为食。

A层：有腐殖质的表土层

土壤中能发现许多不同种类的昆虫幼体。

穴居动物，如老鼠会在土壤中筑巢。

蚂蚁在土壤中群居。

蚯蚓能穿过坚硬、紧密的土壤，使植物根系更容易伸展，使空气和水进入土壤。

B层：亚土层

C层：岩石碎屑层

细菌分解动植物残骸与排泄物。

菌类也是分解者，长着长长的根状细丝，从这些细丝中释放出化学物质，可以帮助消化植物残骸。

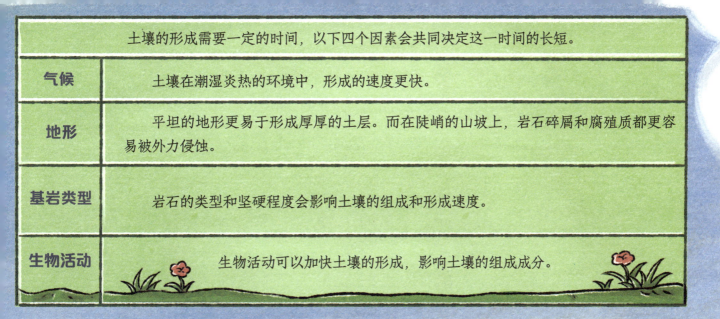

	土壤的形成需要一定的时间，以下四个因素会共同决定这一时间的长短。
气候	土壤在潮湿炎热的环境中，形成的速度更快。
地形	平坦的地形更易于形成厚厚的土层。而在陡峭的山坡上，岩石碎屑和腐殖质都更容易被外力侵蚀。
基岩类型	岩石的类型和坚硬程度会影响土壤的组成和形成速度。
生物活动	生物活动可以加快土壤的形成，影响土壤的组成成分。

生物活动——植物

植物的根系能固定岩石的碎屑，植物的根、茎、叶则是腐殖质的最主要来源。

生物活动——动物

蚯蚓等动物穿过坚硬的土层，让土壤变得更加疏松，空气和水更容易进入土壤。

生物活动——真菌、细菌

真菌、细菌能分解动植物的残骸，增加土壤中的有机物。

土壤有哪些不同的特性？

不同地方的土壤有很大不同，科学家会根据土壤成分、气候、植被等因素给土壤进行分类。全世界有几千种不同类型的土壤。

沙质　　　　　粉砂质　　　　　黏土质

根据颗粒大小，土壤可分为沙质、粉砂质、黏土质三种。沙质土壤的颗粒最大，而黏土质土壤的颗粒最小。

颗粒大小和相对的比例决定土壤质地，影响土壤吸收和保持水分的能力。土壤中的矿物种类、有机质多少和水分决定了土壤的颜色。

黑色或深棕色的土壤，包含的有机质较多；红色的土壤是由于其中的铁元素发生氧化，呈现出"铁锈"的颜色；灰色和青色的土壤，则是由于长期处于潮湿缺氧的环境中。

土壤肥力是衡量土壤肥沃程度的指标。越肥沃的土壤越有利于植物生长。

一般来说，含腐殖质多的土壤肥力高，几乎不含腐殖质的土壤，肥力就非常低。

甲虫和蜗牛靠腐烂的动植物残骸为生。

小松鼠也生活在土壤洞穴内，以枯枝落叶层中的种子和果仁为食。

A层：有腐殖质的表土层

土壤中能发现许多不同种类的昆虫幼体。

B层：亚土层

穴居动物，如老鼠会在土壤中筑巢。

蚂蚁在土壤中群居。

蚯蚓能穿过坚硬、紧密的土壤，使植物根系更容易伸展，使空气和水进入土壤。

C层：岩石碎屑层

细菌分解动植物残骸与排泄物。

菌类也是分解者，长着长长的根状细丝，从这些细丝中释放出化学物质，可以帮助消化植物残骸。

孔隙是土壤颗粒间的缝隙，水和空气会出现在这些孔隙中。孔隙多，土壤的透水性更好，也更利于植物生长。

最理想的土壤中，应当有约50%的体积是孔隙。一半是水，一半是空气。

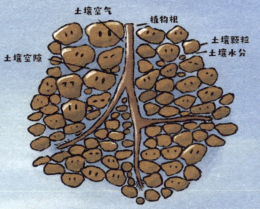

土壤空气　植物根　土壤颗粒　土壤水分　土壤空隙

土壤中矿物质、沉积物和有机物的组成不同，会导致土壤的酸碱度（pH值）不同。

· 测量土壤的酸度或碱度
· 土壤溶液中氢离子的浓度

酸度增加　　　中性　　　碱度增加

植物生长的理想 PH 值

不同的植物对土壤酸碱度的适应能力不同。大豆喜欢 pH 值在 6 ~ 7 之间的土壤，花生则在 pH 值为 5.3 ~ 6.6 的土壤中生长得最好。

Tips 你知道"五色土"是什么吗？

社稷坛是古代皇帝祭祀土地和谷物神的地方，祭坛中放置着黑、红、白、青、黄五种颜色的土壤，代表着"溥天之下，莫非王土"。

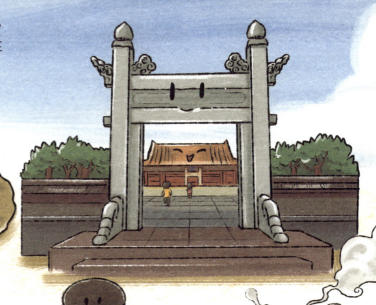

人们应如何保护土壤？

土壤是一种非常有价值的资源，生活在地球上的任何生物都与土壤息息相关：植物在土壤中生长，动物则以植物或吃植物的动物为食。

人们的生活也离不开土壤。我们所吃的很多食物来自农作物的种植。

土壤的形成需要很长时间，往往几百年才能形成几厘米厚的土壤。而人类的活动却可能在短时间内破坏肥沃的土壤。

长时间在一片土地中种植相同的农作物，会将土壤中的很多营养物质消耗殆尽，使土壤变得贫瘠，无法继续支持农作物生长。

裸露的土壤很容易受到流水或大风的侵蚀，导致水土流失。坡度越陡峭、降水越多，水土流失越严重。

植物的根系可以紧紧抓住土壤，防止土壤被水冲走或被风吹跑。一旦植物被人类的活动破坏，水土流失就会加剧。

化学药品的使用、塑料制品的丢弃、有毒有害垃圾的填埋等行为，都会污染土壤，最终导致土壤无法利用。

人们应当珍惜宝贵的土壤，尽可能地防止土壤被污染和破坏。使用化肥和有机肥料可以增加土壤中的矿物质和有机质，提升土壤的肥力。

在山坡上，沿着相同的高度修建台阶一样的梯田，可以让土壤淤积在梯田中，减缓由于降水冲刷导致的水土流失。

将农作物的种子和茎尽可能地保留在土壤中，而不是彻底收割干净，有利于恢复土壤养分，保持土壤中的水分。这种方法称为"保护性耕作"。

轮作是指在一块土地上每年种植不同的农作物。由于不同类型的植物从土壤中吸收的营养成分不同，因而轮作可以较好地保持土壤的肥力。

玉米、棉花等作物需大量养分。在种植这类农作物后，可改种燕麦、大麦等需要养分较少的作物。第三年可种植苜蓿、大豆等豆科植物，恢复土壤肥力。

有机肥

防止土壤丧失多样性

发展绿色城市

投资土壤多样性的研究和创新

倡导土壤活力

可持续管理土壤资源

避免使用污染物

重视自然和食物

土壤生物多样性的好处：

土壤健康

植物生长

人类健康

净化水源

缓解气候变化

图书在版编目（CIP）数据

绕不开的地理常识.3,复杂的地形地貌 / 朱岩编著; 石子儿童书绘. -- 北京：电子工业出版社,2024.1
（超级涨知识）

ISBN 978-7-121-46716-5

Ⅰ.①绕… Ⅱ.①朱… ②石… Ⅲ.①地理 – 少儿读物 Ⅳ.①K9-49

中国国家版本馆CIP数据核字（2023）第227853号

责任编辑： 季　萌
印　　刷：当纳利（广东）印务有限公司
装　　订：当纳利（广东）印务有限公司
出版发行：电子工业出版社
　　　　　北京市海淀区万寿路173信箱　邮编：100036
开　　本：889×1194　1/20　印张：16.2　字数：421.2千字
版　　次：2024年1月第1版
印　　次：2024年1月第1次印刷
定　　价：148.00元（全6册）

凡所购买电子工业出版社图书有缺损问题，请向购买书店调换。若书店售缺，请与本社发行部联系，联系
及邮购电话：（010）88254888，88258888。
质量投诉请发邮件至zlts@phei.com.cn，盗版侵权举报请发邮件至dbqq@phei.com.cn。
本书咨询联系方式：（010）88254161转1860，jimeng@phei.com.cn。